TOKYOPOP

TOKYOPOP GmbH
Hamburg

TOKYOPOP
1. Auflage, 2019
Deutsche Ausgabe/German Edition

Aus dem Japanischen von Christopher Derbort

Redaktion: Simone Meinecke
Lettering: Vibrant Publishing Studio
Herstellung: Mathias Neumeyer
Druck und buchbinderische Verarbeitung:
CPI – Clausen & Bosse GmbH, Leck
Printed in Germany

ISBN 978-3-8420-5123-2

www.tokyopop.de

KLAFF
TAPIOKA

GRATSCH
FETZ
MATSCH
FETZ
Du bist es also wirklich ...

Dabei war mein Plan so gut!
WUSCH
!!

Hmpf!
ZWRACK
GWRAAAAAAAH!
Ich dachte mir schon, dass Ryusei und Hideaki nichts taugen.

KCH
SWUSCH
BB-Fantasm
Urgh ...
SPLOTSCH

Nicht mal dein Charakter im Spiel ist zu irgendwas zu gebrauchen.
Es ist besser, wenn so jemand stirbt.
FRIEND DEAD
Lv. 100 Kaiser
WAPP
GRATSCH

♪ ♪ ♪ ♪ ♪
PIEP PIU PIEP PIU
♪ ♫ ♫ ♪ ♪
PIEP PIU PIEP PIU
Das geht so aber nicht, Hideaki ...
Freunde verrät man nicht!

Und das hier ist auch kein verdammtes Videospiel ...!
SCHLUCK
Ta...
Takehiro war's!!
Takehiro hat gesagt, dass wir's tun sollen!
Nicht ich!!

TSCHING
Aaaah!
Au!
Ahh!
Was hätten wir denn tun sollen?
KRIECH
KRIECH
Um unsere Quest abzuschließen ...
... mussten wir den Zombie töten!!
Vargh!
GRAPP
Ich bin kein Zombie.
Und ihr habt einfach meine unschuldige Familie umgebracht!

... seid wegge-rannt.
Daher hast du nicht gesehen, wie meine Schwester gestor-ben ist.
Wie sie um Hilfe gefleht hat und dann bei lebendigem Leib elendig verbrannt ist.
Ge-nau wie meine El-tern ...
Durch die Brand-bomben, die ihr ge-worfen habt!!

DOMP
Gya-
aaah!
Warte,
warte!
Du willst
mich doch
nicht um-
bringen,
oder?!
Ihr ...

H... Hiek!
Sho?!
Warum bist du nicht tot?!

Ich hab keine Ah...
GWUARG
W...
Was?!
?!

Hallooo?
Bist du hier irgendwo? Chinamiii?
Also, deine Nachricht ...
Absender: Chinami Takigawa
Empfänger: Hideaki Negishi Details
Betreff: Nichts
Du und die anderen habt Shos Haus angezündet, oder? Ich hab euch gesehen. Komm um 23 Uhr in den Park neben der Schule, wir müssen reden.
... die versteh ich nicht ganz.

... als würde er nicht zurückkommen?

TIPP
Ich kann ...
... doch eh nichts tun.
WUPP
KLACK
Sho!!
Wa- rum ...
... fühlt es sich so an ...
DOMP

Ich will dir helfen!
Meine Eltern auch!
Also bitte ...
Chinami.
Leihst du mir kurz dein Handy?
Sho ...
Du stellst doch nichts Dummes an, oder?

...
Ich will alleine sein ...
GRAPP
Wo willst du hin?
W... Warte!
WUPP
Ich hab jetzt kein Zuhause und ... keine Familie mehr.
Ich muss mir überlegen, wie es weitergeht ...
Komm mit zu mir!!
Du ...

So brutal sind die beiden nicht!
Kannst du ...
... dir da wirklich sicher sein?
Sho ...

Gestern ...
... hab ich neben Niwa noch andere wegrennen sehen.
Und ich glaube, jemand hat sie dazu angestiftet.
Vielleicht Kota oder Rina.
Das kann nicht ...

Hatten die es auf euch abgesehen, weil ihr zusammen wart?
!
Wenn du nicht bei ihm gewesen wärst ...
... wäre das alles vielleicht ni...
Chi-nami!
Das ist doch genauso, wie ihnen vorzuwerfen, dass sie die Zombies sind!
!
T... Tut mir leid ...

Was ist gestern passiert, Jueru?
A... Also ...
Mitten in der Nacht hat jemand Brandbomben ins Haus geworfen ...
Moment!
Warum warst du bei Sho?
Ich ...
... hatte ihn gebeten, mich bei ihm übernachten zu lassen.
Ich wollte nicht alleine zu Hause sein und hatte sonst niemanden ...
...
Aber dann hat man uns beide verdächtigt ...
Und danach ...

Wie geht's ihm?
Heute Morgen wurde seine Familie geborgen.
Seitdem ist er ganz apathisch.

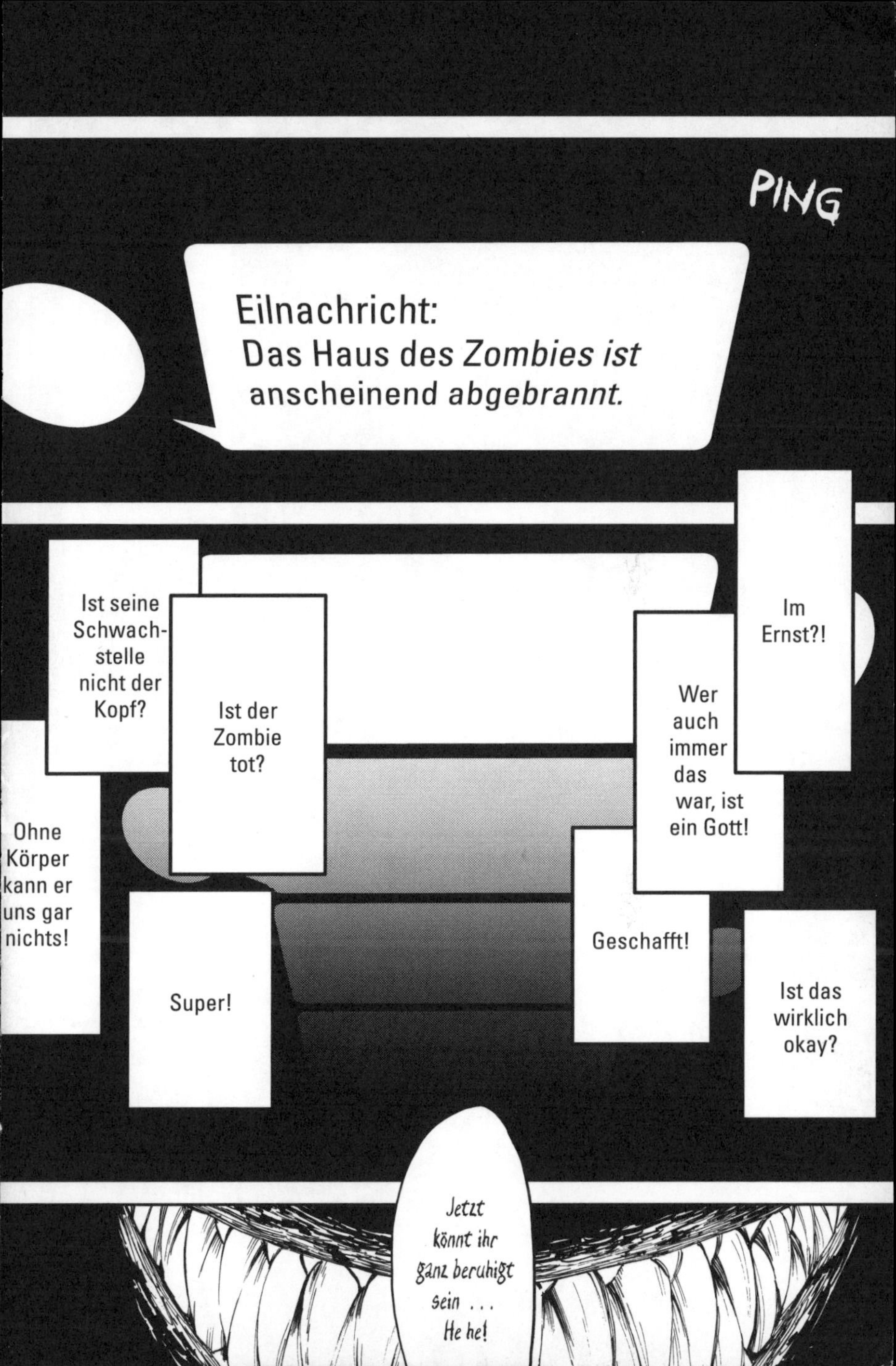
PING
Eilnachricht: Das Haus des *Zombies ist* anscheinend *abgebrannt.*
Im Ernst?!
Wer auch immer das war, ist ein Gott!
Ist der Zombie tot?
Ist seine Schwachstelle nicht der Kopf?
Geschafft!
Ist das wirklich okay?
Super!
Ohne Körper kann er uns gar nichts!
Jetzt könnt ihr ganz beruhigt sein ... He he!

In dieser Nacht ...
... habe ich alles verloren, was mir wichtig war.

Papa ...
Mi-yabi ...
Ma... ma ...
WAAAAAAAAAHH!!

Das ist
kein Glück ...

Einschulung
»Glück«?

Als ich hörte, dass euer Haus brennt, bin ich sofort mit Yoko hergekommen ...
Aber dann haben wir dich hier gehört ...
Es geht dir gut ... So ein Glück ...

Sho ...!
タ
TAPP
タ
TAPP
タ
TAPP
タ
TAPP

Ich bring dich um ...!
Sho ...!!

D... Du bist der ... Zombie ...
Dein Nest ... wir m... mussten es ausräuchern!
S... Sonst vermehrst du dich noch ...
Wo- von redet er ...?
Das war das einzige Mittel ...!!

Warum halten Sie mich zurück?!
Er hat meine Familie umgebracht!!!
Ugh ...
Ah ...
Meine ...
D... Der Zom... bie ...

KRACK
DOTSCH
WHACK
Schluss damit!
Es reicht!
Sei kein Idiot!

Du ...
... Mörder!!
GWOCK

Hast du eine Ahnung, was du getan ha...
Hey!
Junge!!
BAMM

...
Mori-
shita.
Ah...
Ja.
GRAPP
Wa...
RYU-
SEI?!
Uh
...
Uh
...

PACK
Lass das.
Ich kann dich ja verste-hen ...
... aber das hier liegt nicht in deiner Hand.
Nicht in diesem Land.
KNIRSCH
Ich will sein Gesicht sehen ...!

Nur einer ...?
Tut mir leid, die anderen sind entkommen.
ZITTER
Wie viele?
Drei, glaube ich.
Wie sahen sie aus?
ZITTER

Den Brand-stifter.
!

Hier drüben.

Euer Klassenkamerad ...
... Kota Egawa war sich so sicher, dass du der Täter bist, dass wir auf Nummer sicher gehen wollten.
Kota ...?!
DRRRING
Morishita?
Wie sieht's aus?
... Verstehe.
Er hat ihn.
ZUCK

Was ...
... machen Sie hier?
Morishita und ich haben dich beschattet, Sho.

Ihr müsst hier weg, sofort!
Er bewegt sich nicht!
Verdammt! Komm jetzt!
LODER

KRACK
KRACK
LODER
Sho!
RÜTTEL
Wir müssen hier weg ...!
RÜTTEL
Sho!!
HUST
HUST
Was macht ihr denn?!

Beweg dich! Ich bitte dich!!
Miyabi! Miyabi!!
FUOOOH
DOMP

Mi...
...yabi ...
TAUMEL
GRACK
Was ...
... machst du ...?
Spring, schnell!
Ich fang dich! Mach schon!!
GRAPP
Sho!
LODER
Miyabi ist ...

Sh...o
...
H...
Hilf ...
mir ...

Heiß ...
S... So... heiß ...

Meine Schwester! Meine Eltern!!
HASP
LODER
Sho, da oben!
Sho ...
!!

Mir geht's gut ...
A... Aber euer Haus ...!!
LODER

WUMPS
Alles okay, Jueru?!
J... Ja ...

Vertrau mir, ich fang dich auf!!
SCHLUCK
Kch!
WAPP

Sho, da!
Das kann doch nicht ...
Los, spring!
LODER
HUST
Ich kann nicht! Ich habe Höhenangst!!

DOMP
Du auch, Jueru!!
Schnell!

Feu-
er!!
Jue-
ru!!
Hnn
...
Jueru,
wach
auf!
W...
Was ist
...?
Es
brennt!!
LODER
BAMM
Im
Flur
auch
...!
Hier
kommen
wir nicht
durch! Zum
Fenster!

Was war das?
SCHEPPER
!!
FLAMM
?!

BOFF
Ahhh, ich muss dringend schlafen!!
KLIRR
SCHEPPER
KLIRR
Hm ...?

Oh, ich verstehe!
Ihr redet über etwas, das nur ihr zwei versteht, um mich aus dem Zimmer zu vertreiben!
Blödsinn!
Und jetzt geh endlich in dein eigenes Zimmer!
...
Ah! Ich sollte auch ins Bad ...
K... Klar ...
Oh, hallo Jueru!
Herr Uraya, guten Abend!
Gehst du ins Bad, Jueru?
Darf ich mitkommen, Ruchaaan?

Der Zombie hat dich beobachtet?!
Wird er ... bei mir auch spannen?!
Sonst hast du keine Sorgen ...?
Ich wüsste gerne ...
... was er da getrieben hat.
Was?!
Wartet mal, ein Zombie?!
Ist das dein Ernst?!
Was machst du noch hier?

SHHHHH

SHHHHH
Morgen ist wieder Schule ...
Aber wir sind nur im Haus sicher ...
SCHAUDER
Werde ich beobachtet ...?

Ich hab dir doch gesagt, dass sie nur hier ist, weil in unserer Schule was vorgefallen ist!!
Und warum kommt sie dann gerade zu dir?
SÜß!
Ah, ähm ...
Ich dachte, er hat ...
... eh kein Interesse an mir ...
... also wäre ich sicher ...
...
Waaas?! So ein süßes Mädchen übernachtet bei dir und du startest nicht mal einen Versuch?
Stehst du nicht auf Frauen?
Nerv mich nicht! Ich geh duschen.

Dabei ist der Menschenfresser immer noch da draußen ...
Waaas?! Du und Ru-chan, ihr seid gar nicht zusam-men?!
...

Akira
hat auf die Einladung nicht reagiert …
Offenbar …
Sieht aus, als würde sich …
… nichts tun.
Ob Kota und die anderen gerade kostbare Zeit damit verschwenden …
… über irgendwelche haltlosen Theorien zu diskutieren …
… während sich die Schlinge um unseren Hals immer enger zieht …?
In ihrem blöden Gruppenchat …

Jetzt hat meine nervige Schwester dich da auch noch mit reingezogen ...
Wenn sie es schon extra für uns gemacht hat, essen wir's einfach!
Und dann schmeckt's auch noch ...
Ich bin dabei.
Alles klar!
Jetzt können wir ...
... zumindest herausfinden, was Kota und die anderen vorhaben.
Tatsuomi und Chinami könnten sich nach dem Zombie umhören.
Vielleicht finden sie heraus, ob Akira der Gruppe beigetreten ist.

Marin und Kazumi schienen nicht interessiert.
Ob einer von uns der Zombie ist oder nicht ...
... sie denken wohl, der Fall würde sich so oder so irgendwann aufklären.
SHO
YE
RU
LO.

Warum suchen wir uns nicht auch Verbündete?
Die könnten uns dann sagen, was die anderen vorhaben.
Na klar!
Dann ...
... kümmere ich mich um Yoko, Chinami und vielleicht Tatsuomi?
Ich frage Marin und Kazumi.
Aber mach dir nicht allzu viele Hoffnungen.
Chinami und Tatsuomi haben mir versichert, uns zu helfen.
Von Yoko kam keine Antwort. Ob sie sich noch unsicher ist?

Aber aus der Perspektive von denen, die davon keine Ahnung haben ...
... ist jeder, der sich irgendwie verdächtig macht, der Feind.
Was sollen wir dann tun?!
Wenn wir einen nach dem anderen fragen, ob er oder sie der Zombie ist ...
... machen wir uns nur noch verdächtiger.

... wenn sie es jetzt für klüger halten zu töten, bevor sie getötet werden.
Aber könntest du so was tun?
Jemanden töten, ohne sicher zu wissen, dass er der Zombie ist ...?
Wir agieren anders.
Weil wir wissen, dass der Zombie sich in jeden verwandelt, den er frisst.

Das war der Zombie!
Die spinnen doch ...
Wir haben doch schon darüber geredet!
Und jetzt veranstalten sie diese Hexenjagd?! Das muss aufhören!
Wer weiß, was die mit uns vorhaben!
Hexenjagd ...
Die werden uns doch nicht umbringen oder so ...
Bist du dir da sicher?
Die sind davon überzeugt, dass sie gefressen werden, wenn sie nichts unternehmen.
Würde mich nicht wundern ...

Kota hat mich in eine Gruppe eingeladen, die »Wahrheitsfinder« …
Und in der Gruppe haben alle gesagt, dass du es bist!
Aber du bist nicht der Zombie, oder?!
Das meinte er also damit …
… dass wir an seiner Stelle zum »Zombie« werden!!

Von Chinami.
35%
Chinami
ちなみ
Sho!
Du bist doch nicht wirklich der Zombie, oder?!
Nachricht eingeben
Hä?!
Was meint sie damit?!

IN DIESER KLASSE GIBT ES EINEN
Wenn der Zombie es selbst war, wen will er dann suchen?
Wir können ihm kein Wort glauben ...
Immerhin hat er unsere Klassenkameraden gefressen.
...
PLING♪

Wa...?!
Woher kommt das denn auf einmal, du Blödmann?!
Na ja, außer dir glaubt mir doch niemand mehr ...
Oh ...
Das meinst du ...
?
Ich glaube, Yoko und Chinami würden mir zwar glauben ...
Aber trotzdem mach ich mir Sorgen.
Ja, es würde mich nicht wundern, wenn sie dich auch verdächtigen würden.
Tatsuomi ist doch eine Option, oder?
Tatsuomi, meinst du? Hm ...
Warte mal ...
Wer hat dann den Zettel an die Tafel geheftet?

Puh ... Das wird mir alles zu viel ...
Deine Mutter ist so lieb ... Bei mir zu Hause gibt's das nicht.
Hey, Jueru ...
Bleib bei mir, ja?

KLAMMER
Geht erst mal aufs Zimmer und ruht euch aus.
Ich gehe nicht zur Arbeit.
Falls die Polizei anruft, sage ich Bescheid!
KLACK

...
Komm her, Ju-eru.
WUPP
DRÜCK
Ich bin so froh, dass es euch gut geht ...

Was für Morde? Ich weiß von gar nichts!
Weil ich nichts erzählt hab.
Und warum nicht ?!
Dann machst du dir nur Sorgen!
Natürlich!
Außerdem hast du dich gestern so über Juerus Besuch gefreut ...
... dass wir nicht richtig reden konnten.
Sho!
Wer wurde ermordet?
Jemand, den du kanntest?
Jemand aus meiner Klasse ...
Fünf, um genau zu sein.

Bin wieder da!
Huch?
Schon wieder so früh?
Was ist mit der Schule?
Gestern wurden Schüler ermordet.
Und heute auch.
Die Polizei wird sich vermutlich hier melden.
Was ...?!
Wa-aas?!
KLACK
W... Warte!

Was machen wir jetzt?
Die Geschichte wird uns niemand glauben.
Er kann sich in die verwandeln, die er gefressen hat?!
Dann bekommen wir doch nie raus, wer in Wirklichkeit der Zombie ist!
Wenn er wieder jemanden frisst, ist er nicht mehr Akira.
Ja ...
Und dann ...

...!
Er ist wieder verschwunden ...
Immerhin sind wir noch am Leben ...

Ich werde mich euch nicht wieder zeigen.
Dieser Blick ...!
Lebt wohl.

Was soll das hei-ßen?!
Neue Nachricht
Empfänger: Kota, Rina
Betreff: Nichts
Sho ist der Zombie!
Ihr werdet dafür bezahlen, dass ihr mich hintergangen habt!

FLITSCH
Deshalb …
… sollt ihr …
… von jetzt an …
… an meiner Stelle als Zombies gefürchtet werden!

FLETSCH
FLETSCH
FAUCH
Ich bin nicht so, weil es mir gefällt.
Ich habe mich gezeigt, weil ich euch vertraut habe!
Und ihr dankt es mir mit einem schrecklichen Verrat! Fürchterlich! Grausam! Abstoßend!

D... Dann ...
Du hast Hiro-naga und Akira gefres-sen?!
GRINS
»Es frisst Menschen und verwandelt sich, was für ein schreckliches Monster!«
Aber wisst ihr, was?

Was redest du denn da?
Was ist mit Hiro-naga?
Tja ...
Wenn ich Menschen gefressen habe ...
... kann ich mich da-nach in sie verwandeln!

Moment mal! Gestern hast du doch noch ganz anders ausgesehen?!
Und jetzt ...
Oh ...
Heute sehe ich aus wie Akira Totsugi, oder?
Dann ...
... ist euch aufgefallen, dass ich gestern Hironaga Satake war?

D...
Du bist der Zombie?!
Es war ein Spaß, euren kleinen Zwist zu beobachten.
Aber dann erzählt ihr einfach so von mir.
Jetzt kann ich euch leider nicht mehr vertrauen.
Ich werde den Übeltäter wohl alleine finden müssen.

GRITSCH
RRRATSCH
GRITSCH
Wirk-lich ...
... eine Schande.

Akira, was ist los?
Was machst du hier ...?
Warte, Jueru!
Akira wohnt in einer ganz anderen Richtung ...
Und er ist vorhin mit Ayane in den Zug gestiegen!
Wie kann er dann vor uns hier sein?!
Wa...
Herr-je ...
Dabei habe ich euch beiden doch vertraut ...

A...kira?

Stimmt ...
SCHRECK

Hör mal ...
Es war keine gute Idee, den anderen davon zu erzählen, oder?
»Davon«?
Ach ...
Aber wir gehen ja nicht miteinander und passiert ist doch auch nichts.
Das mein ich nicht, du Blödmann!
Gestern haben wir doch den Zombie gesehen ...
... und der meinte, wir sollen niemandem davon erzählen.
Stimmt, der Zombie könnte heute unter uns gewesen sein ...
!
Aber er hat sein Wort zuerst gebrochen.
Er hat gesagt, er würde unseren Klassenkameraden nichts tun. Und jetzt ist Mitsuki tot.

Wenn du dem Zombie begegnest ...
... darfst du ihm auf keinen Fall in die Augen sehen.
Egal, wie stark du bist ...
Wenn du bewusstlos wirst, ist es vorbei.
Man wird bewusstlos?! Ernsthaft?
Da hat man natürlich keine Chance!
Genau. Deshalb ist es besser, wenn du nicht aus dem Haus gehst.

Shuto meinte, er wäre verschwunden ...
Und ich glaube, vom Körperbau her hatte der Zombie gestern Ähnlichkeit mit ihm ...
Hironaga also ...
Dann hat er auch Mitsuki umgebracht?
Aber außer uns und den beiden Polizisten ist mir heute niemand aufgefallen.
Oh Mann ...
Letztendlich sind wir immer noch nicht schlauer.
Das ist es ja ...
Doch, eine Sache wissen wir.

Eine Tüte, hm?
Aber seinen Körper habt ihr doch gesehen ...
Ähnelt der einem von denjenigen, die heute da waren?
Zu wem der Körper passen könnte?
Besonders trainiert wirkte er nicht.
Es könnte ...
... Hironaga gewesen sein.

Kota nimmt alles sehr ernst und kann ziemlich dickköpfig sein ...
Und Rina ... ist eben sehr speziell. Wenn sie könnte, würde sie andere mit ihren Flüchen töten.
Darüber kann ich nicht lachen ...
Wie ist er eigentlich so?
Der Zombie?
Ihr habt ihn doch gesehen, oder?
Tja, er ...

Ihr beiden habt's auch nicht leicht.
Unser Vorsitzender und die Okkulttussi tun so, als wärt ihr die Schuldigen.
Sie stehen einfach unter Druck, weil sie nicht umgebracht werden wollen.
Das rechtfertigt dennoch diese Unterstellungen nicht.
Die beiden treiben es echt zu weit.
Ja ...
Nehmt euch lieber vor ihnen in Acht.

Warum seid ihr in der Schule?!
Ihr hier ?!
Nach so einem Tag findet doch kein Unterricht statt!
Denkt doch mal nach!
SCHLUCK
Warum haben Sie uns nicht Bescheid gesagt?!
Wenn wir nicht in die Schule gekommen wären, wäre Mitsuki vielleicht noch am Leben!
...
Herr Saito, haben Sie sie denn nicht informiert?
TUSCHEL FLÜSTER

Aber für uns werfen diese Morde viele Fragen auf.
Vielleicht könnt ihr mir später auf dem Revier einige davon beantworten. Stellt sicher, dass wir euch erreichen können!
Verstanden?
Wir sind alle verdächtig …

STILLE
Tss!
KRATZ
KRATZ
Ob-wohl ...
... ich keinem von euch zutraue, jemandem unbemerkt den Schädel einzuschlagen und ...
... ihm dann noch das Hirn rauszureißen.

Aber niemand ist gerade verdächtiger als sie!
Immerhin haben sie den Zombie zwei Mal getroffen!
Er will mich unbedingt zum Täter machen!
Zombie?
Auf diesem Zettel stand irgendwas davon, oder?
Diesen angeblichen Zombie würde ich ja zu gerne mal sehen.
ZUMM
Jetzt hört mal gut zu.
An sich ist jeder von euch verdächtig.

STARR
Ähm, aber heute ...
Heute waren die beiden Mitsuki am nächsten, als sie umgebracht wurde!!
Dann erklär mir mal, wie sie das Mädchen umgebracht haben sollen.
Da...
Und wie soll er gestern aufs Dach gekommen sein? Der Junge war die ganze Zeit bei uns.
Das ...
Puh ...

Ich glaube, es war Uraya!!
Hey!
WAPP
Und Jueru deckt ihn! Die bei-den stecken unter einer Decke ...
Kota!!
Ähm ...?
Hm ...
Du ...
Aaah ...
Hast du dafür auch Beweise?
Was?
N... Nein ...

Hier steckt ihr.
!
Ah, ihr seid alle da. Sehr schön.
Ich glaube zwar nicht wirklich, dass einer von euch es war, aber ...
... wer hat sie getötet?

N... Na, ihr wohnt doch in völlig verschiedenen Ecken!
Bitte?!
GRAH
Weil ich bei ihm übernachtet hab!
Problem damit?
Seid ihr zusammen oder was?
Aber klar! Deshalb deckt sie ihn!
Sie waren es gemeinsam!
Ihr ...
Ihr tickt doch wohl nicht mehr ganz richtig ...!

Ich war gestern bei ihm und da war er definitiv kein Zombie.
Hä ...?!
Äh ...
Außerdem haben wir beide den Zombie gesehen.
Mo... Moment mal!
Warum wart ihr beiden zusammen?

Meine Güte, seid ihr vielleicht verblödet.
Wie soll Sho bitte der Zombie sein?
Jueru ...
Warum mischst du dich ein?!
Ihr stellt ihn doch nur als Zombie hin, damit es euch bes-ser geht.

Das wüsste ich selbst gern!
Warum zeigt er sich gerade mir?
Das ist doch nur ein Ablenkungsmanöver.
Du sagst, du hättest ihn gesehen, damit dich niemand verdächtigt!
Wa...
Echt jetzt?
Wirklich?
Sho ist der Zombie?!
Uraya ...
Wenn du es nicht bist, beweis es!
Beweisen?
Wie soll ich das beweisen?!
Wie ...?

Das ist noch nicht alles ...
Da ist noch etwas, das dich verdächtig macht. Nicht wahr?
Warum hast du zwei Begegnungen mit dem Zombie überlebt?!
!
Und dann warst du bei Mitsuki, als sie getötet wurde!
Außerdem bist du immer noch nicht aus der Chatgruppe ausgetreten. Warum nicht?
Weil du wissen willst, was wir vorhaben, oder?
Stimmt das, Sho?
D...

Weil Mitsuki nun tot ist ...
... soll es jetzt Hironaga gewesen sein?!
N... Nein, das will ich damit nicht sagen!!
Hat Hironaga heute irgendjemand gesehen?!
Nicht wirklich!
Also bin ich automatisch der nächste Verdächtige?!
Nur, weil ich in Mitsukis Nähe war?!

Al-so ...
Gen ...
... Akira und ...
... Shuto ...
Ihr wart nicht dabei, aber nach dem Vorfall gestern habe ich mit einigen Klassenkameraden gesprochen, die noch in der Schule waren.
Unser Gespräch hat dazu geführt, dass wir Mitsuki und Hironaga verdächtigt haben ...
TRATSCH
Und kurz darauf wurde Kaito auf dem Dach ermordet aufgefunden.
!
Und weiter ...?

Was redest du da?! Soll das ein Witz sein?
WUPP
Sch... Schließlich ist Hironaga nicht hier und er war unser Verdächtiger!
Was sagst du da?!
Warum macht mich das zum Zombie?!
Du nimmst dir ganz schön was raus ...
Ich hab meine Gründe!
Hört mir zu!

Dann ist es am wahrschein-lichsten, dass du der Zom-bie bist.
Was?

Sho ...
!
Du warst am nächsten an Mitsuki dran, als sie getötet wurde, oder?
Hast du nichts gesehen?
Hm ...?
Er hat recht, ich war ihr am nächsten ...
Aber ich hab keine Ahnung, was mit ihr passiert ist ...
Nein, nichts ...
Verstehe ...

Eines können wir mit Sicherheit sagen.
Der Mörder befindet sich unter uns.
Außer den beiden Polizisten und uns neun Schülern war ja niemand da!

Was ...
... wird jetzt aus uns ...?
Keine Ah-nung.

Hiek!
?!
D... Das kann doch nicht ...
Was ist?
KLACK
S... Sichern wir erst mal den Tatort!
Was zum Teu-fel ...?!
Un-sinn, wir bringen zuerst die Kinder in Sicher-heit!
Na los, in die Schu-le mit euch!

SUBSCH
KYAAAAAAAAAH!!
Mitsuki ...!
Warum?!
Was ist denn los?
TAPP
TAPP

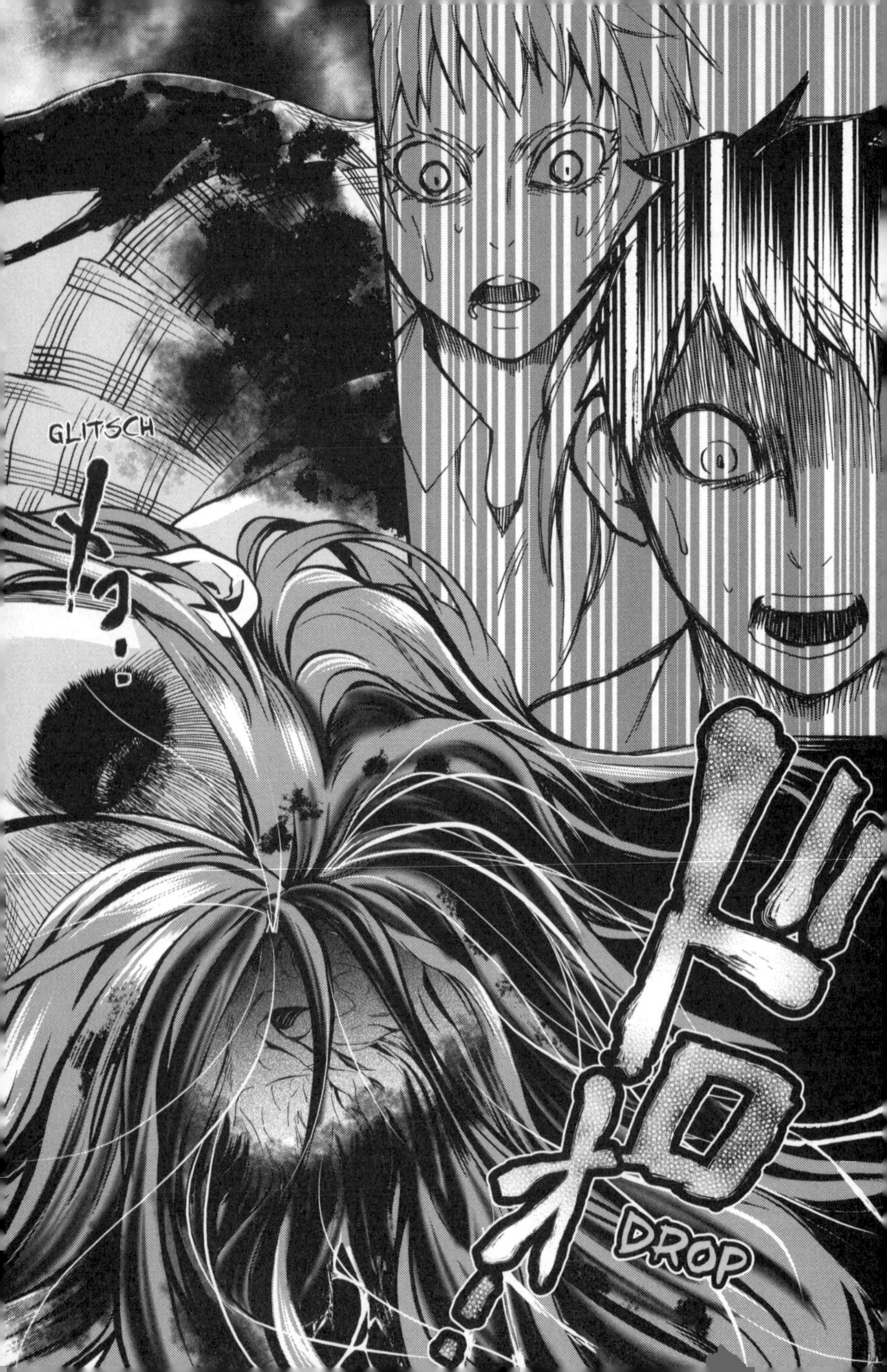
GLITSCH
DROP

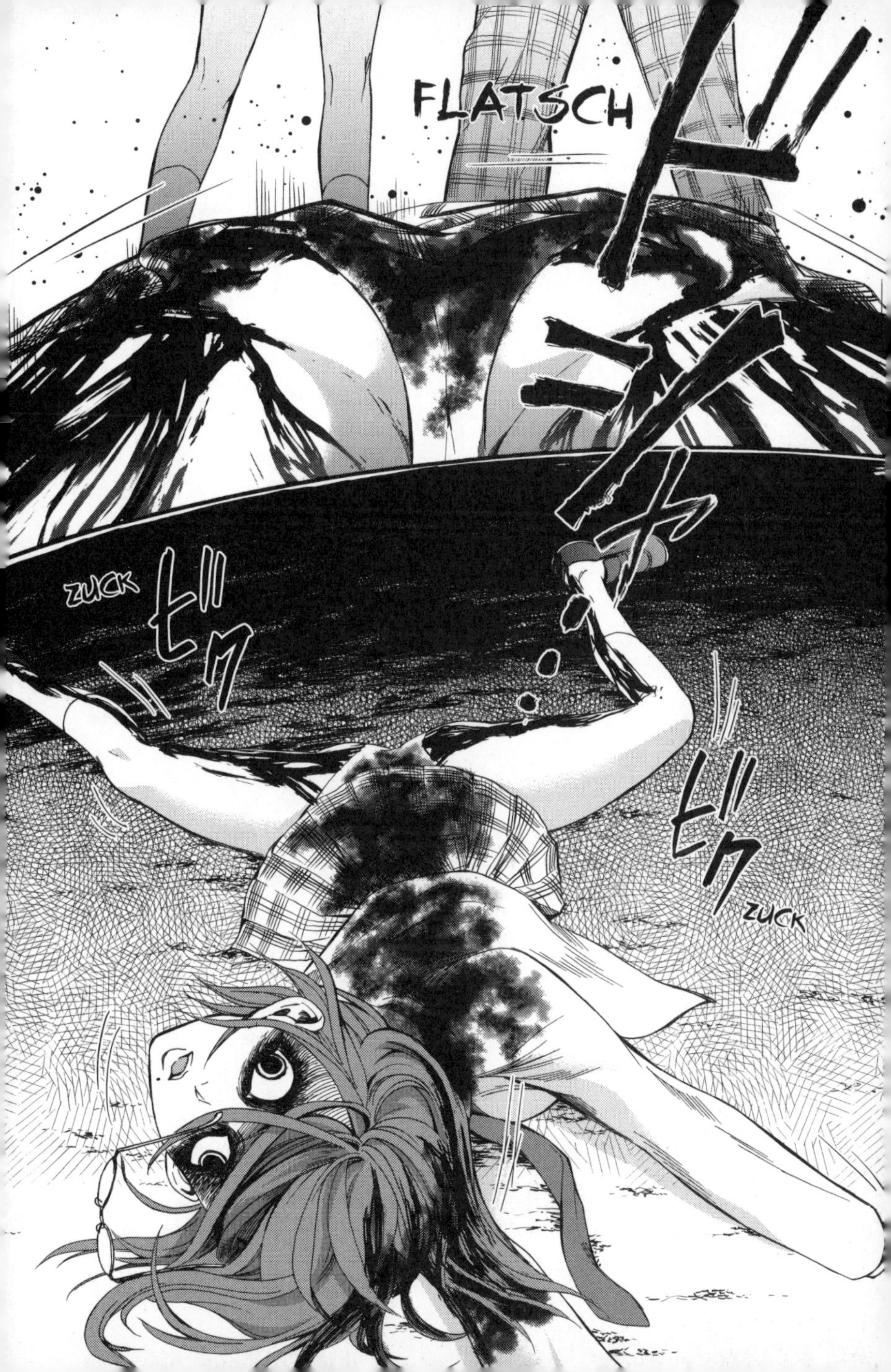
FLATSCH
ZUCK
ZUCK

Hey ...
TAUMEL
TAUMEL
Ma... no ...?
ぐらあ
GWOM

!
Mitsuki?
Kommst du nicht mit?
GYOR
?
Ah!

Hat er vielleicht Eri und Kaito umgebracht und ...
... wurde dann von dem Zombie gefressen, den wir gestern gesehen haben?
Juerus Theorie klingt zwar logisch ...
... aber ich bezweifle, dass Hironaga solche Morde begehen würde.
Sicher sagen lässt sich noch nichts ...
... aber ...
... wenn Hironaga der Täter ist und vom Zombie gefressen wurde, dürfte es keine Morde mehr geben.

RATTER
RATTER
In Gegenwart der Polizei benimmt sich Shuto ...
Hey!
GRIPP
Was denkst du über Hironagas Verschwinden?

Na ja ...
Unserer Klasse hat niemand Bescheid gesagt und ...
... die Lehrer sind wohl gerade in einer Besprechung.
Warum steht ihr überhaupt hier draußen rum?
Euch nach alldem hier draußen stehen zu lassen ... Was denken die sich?!
Was?!
Geht rein.
Ich übernehme die Verantwortung.

Du bist wegen irgendet-was aufgebracht ...
Daher vergesse ich diesen Ausrut-scher ...
... wenn du mit mir darüber re-dest, ver-standen?
TSS!
Au ...
Sind Sie nicht zu alt für so was?
Was wär ich für ein Polizist, wenn ich niemanden beschützen könnte?
Sie hin-gegen sind jung und rühren trotz-dem keinen Finger ...
Ähm ...

Uh ...
Wah ...! Herr Yamazoe!!
BATAMM
Was fällt dir ein?! Du stehst unter Arrest!!
Schon gut, Morishita ...
Po-lizei ...?
Geht es Ihnen gut?
Ja ...
Hör zu, Junge.

DOBAMM
KEUCH
KEUCH
Was willst du denn ...?
Misch dich nicht ein!!
DOSCH
Urgh ...
KRACK
KRACK
Shuto, hör auf! Das ist ...

WUSCH
Ah!
GRAPP
Hey, Junge!
!
GRG
GRG
Eine Frau zu schlagen, ist erbärmlich.

Der Zombie wird ihn doch nicht ...
D... Der Zombie ...
Was?!
Vielleicht hat er ihn gefressen ...
Du Miststück ...
Laber keinen Scheiß ...!

Du hältst die Schnauze!!
DOMM
DOMP
Hironaga ist verschwunden!
HUST HUST
Er geht nicht ans Telefon!
Er meldet sich nicht!
Wenn ihr was wisst, dann sagt's mir!!
Sonst mach ich euch alle kalt!
Hironaga ist verschwunden ...?!

Ist Hiro-
naga heute
nicht bei
dir?
!
Ich such
ihn doch
selbst!!
GRAPP
GRG
GRG
GRG
Wenn
du weißt,
wo Hiro-
naga ist,
dann raus
damit!!
Sh...
Shuto!! Du
darfst ein
Mädchen
nicht so
...

WUPP
Jueru, bleib zurück!
Versteck dich hinter mir!
Was ...?
O... Okay ...
ZHAMM
ZHAMM
KNACK
Was denn?
Ihr steht alle nur da und starrt mich an ...
Wollt ihr mir was sagen?

Shuto ...
ZHAMM
ZHAMM
Er wirkt jetzt schon stinksauer.

Was?!
HAH
Wenn du Hironaga verdächtigst, prügelt Shuto dich windelweich!
Und gegen die beiden hätten wohl nur Sho oder Yoko eine Chance.
Und du!
Aber als Profiboxer wird er keinen Streit anzetteln wollen.
Und was ...
... wenn Hironaga es abstreitet?
!
Dann hat jemand gelogen. Oder der Täter war schneller als Hironaga ...
!
Wir ...
... sollten mit einem Erwachsenen sprechen.

Und wie lange sollen wir noch hier rumstehen?
Tja ...
Der Tatort muss eben gesichert werden.
Vielleicht gab es eine spontane Versammlung?
Wenn Mitsuki nicht infrage kommt, bleibt nur noch Hironaga ...

DRÄNG
Hey, Sho!
Hältst du mich auch für verdächtig?!
Bevor ihr gekommen seid, hab ich mit Mitsuki geredet ...
Das ist natürlich Quatsch!
WACKEL
WACKEL
Ich hab doch gar keinen Grund, so etwas zu tun!
WIPP
WIPP

Und wir sind nicht die Einzigen aus unserer Klasse.
Den anderen haben sie also Bescheid gesagt?!
Nur denen, die davon betroffen sind, nicht?
Sind die blöd?!
Das zeigt, wie chaotisch es in der Verwaltung zugeht.
Die Lehrer sind doch da, oder?
Dann können wir auch reingehen.
Die haben uns gesagt, wir sollen hier warten.

Was?! Das ist viel zu gefährlich!!
Nein, du verstehst nicht ...
DU DU DU DU DU
Egal.
?
Die Schule ist zu ...
Das hätten die uns ruhig mal sagen können.
Jetzt sind wir umsonst hergekommen.

Niemand von unserer Schule in Sicht ...
Findet der Unterricht heute wirklich statt?
Nach so einem Vorfall ...
... müsste der doch eigentlich ausfallen.
Aber wenn wir uns zu Hause einschließen, finden wir den Täter nicht.
Stimmt ...
Ich sehe Yoko und Chinami nirgends.
Ich rufe besser mal an.
Hm ...
Wenn der Unterricht ausfällt, geh ich in die Stadt.
Mach dir keine Sorgen.

Miyabi hat mir sogar extra eine Lunchbox gemacht ...
Tja ...
Das scheint ihr Spaß zu machen.
...
Eine tolle Familie.
...
Bei ihr zu Hause scheint es einige Probleme zu geben.

*verniedlichende Anrede für gute Freunde und kleine Kinder

WAPP
J...
Jueru!!
Lang-schläfer.
WUPP
Miya-bi sagt, es gibt Essen.
Ah ... ja ...
Hey, Jueru ...
Was ist mit dem Kuss?
BATAMM
Als ob, du Idiot!

TSCHILP
TSCHILP
TSCHILP
Heeey, es ist Morgen!
Aufstehen!
Nur noch fünf Minuten, Schwesterherz ...
Was faselst du da?
Steh endlich auf! Sonst ...
... küss ich dich.
SCHRECK

STUPS
H... Hey, Jueru!
So erkältest du dich noch!
Hn ...!
Ähm ...
Zwecklos.
DÖÖÖS

ZUCK
ZZZ
HYUU
HYUU
Komm runter, das war nur ein Traum!
POCH POCH
Hnn ...
Hör auf damit, Mann ...!

Ah!!
HAH
HAH
HFF
HFF
Ein Traum ...

RATSCH
... bitte einfach sterben!

HAH
HAH
!
Uh … …
Weinst du, Sho?
Du musst doch keine Angst haben!
Ich esse dich bis zum letzten Stückchen auf.
Lass mich …
KISS

... passiert das gerade mir?
GWULP

KRITSCH
SCHLÜRF
SCHLÜRF
SCHLÜRF
Warum ...
RRRITSCH
SCHLURRRP

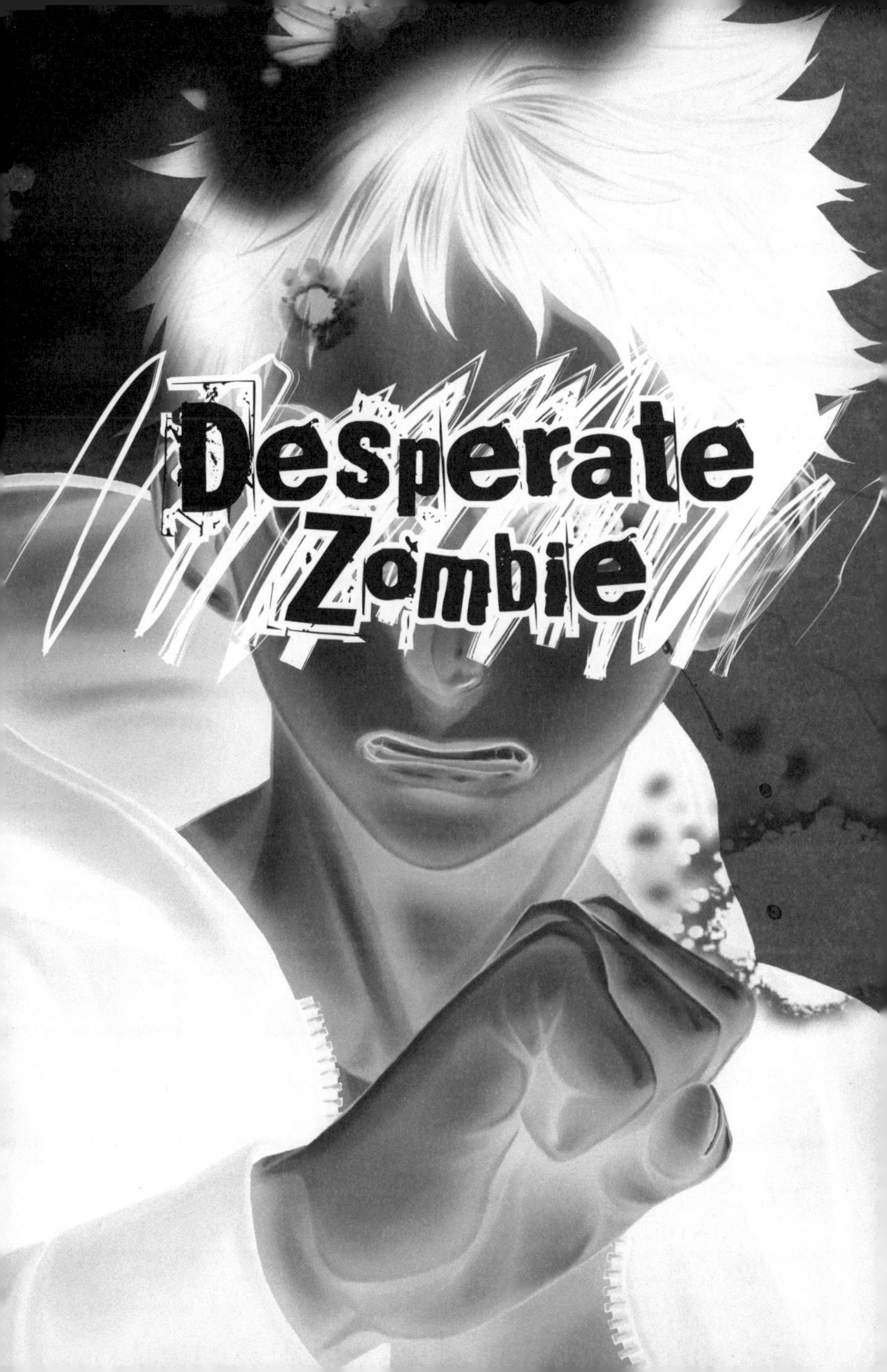
Desperate
Zombie

Eri Tamaki	Yujiro Chisaka
Yudai Chimura	Akira Totsugi
Michiru Nagahori	Shizuka Nagahori
Sakura Nikaido	Ryusei Niwa
Takehiro Numata	Hideaki Negishi
Genki Hiromine	Mitsuki Mano
Tatsuomi Murata	Taichi Meguro
Misato Yaguchi	Yukizo Yoshida
Tomoyuki Waki	Manami Watanabe

2 getötet, 36 noch am Leben

Sho Uraya			Kota Egawa
Yaeko Ooi			Jueru Ono
Oki Kato			Shuto Kido
Ayane Kujo			Reona Komori
Hironaga Satake			Rina Sayama
Shingo Shikata			Kaito Shimura
Yoko Sumida			Gen Seima
Marin Segawa			Hiroshi Seto
Kazumi Sonoda			Junya Takamura
Chinami Takigawa			Masanori Tachiki

Desperate Zombie

Text: Welzard

Zeichnungen: Renji Kuriyama

2

TOKYOPOP